Dear Parent: Your child's love of reading sta[rts here!]

Every child learns to read at his or her own speed. You can he[lp] [your child by] choosing books that fit his or her ability and interests. Guide your child's spiritual development by reading stories with biblical values. There are I Can Read! books for every stage of reading:

SHARED READING

Basic language, word repetition, and whimsical illustrations, ideal for sharing with your emergent reader.

BEGINNING READING

Short sentences, familiar words, and simple concepts for children eager to read on their own.

READING WITH HELP

Engaging stories, longer sentences, and language play for developing readers.

I Can Read! books have introduced children to the joy of reading since 1957. Featuring award-winning authors and illustrators and a fabulous cast of beloved characters, I Can Read! books set the standard for beginning readers.

Visit www.icanread.com for information on enriching your child's reading experience.
Visit www.zonderkidz.com for more Zonderkidz I Can Read! titles.

Queridos padres: ¡Aquí comienza el amor de sus hijos por la lectura!

Cada niño aprende a leer a su propio ritmo. Usted puede ayudar a su pequeño lector seleccionando libros que estén de acuerdo a sus habilidades e intereses. También puede guiar el desarrollo espiritual de su hijo leyéndole historias con valores bíblicos, como la serie ¡Yo sé leer! publicada por Zonderkidz. Desde los libros que usted lee con sus niños hasta aquellos que ellos o ellas leen solos, hay libros ¡Yo sé leer! para cada etapa del desarrollo de la lectura:

LECTURA COMPARTIDA

Utiliza un lenguaje básico, la repetición de palabras y curiosas ilustraciones ideales para compartir con su lector emergente.

LECTURA PARA PRINCIPIANTES

Este nivel presenta oraciones cortas, palabras conocidas y conceptos sencillos para niños entusiasmados por leer por sí mismos.

LECTURA CONSTRUCTIVA

Describe historias de gran interés para los niños, se utilizan oraciones más largas y juegos de lenguaje para el desarrollo de los lectores.

Desde 1957 los libros **¡Yo sé leer!** han estado introduciendo a los niños al gozo de la lectura. Presentan autores e ilustradores que han sido galardonados como también un reparto de personajes muy queridos. Los libros **¡Yo sé leer!** establecen la norma para los lectores principiantes.

Visite www.icanread.com para obtener información sobre el enriquecimiento de la experiencia de la lectura de su hijo.
Visite www.zonderkidz.com para actualizarse acerca de los títulos de las publicaciones más recientes de la serie ¡Yo sé leer! de Zonderkidz.

My God sent his angel. And his angel shut the mouths of
the lions. They haven't hurt me at all.
—*Daniel 6:22*

Mi Dios envió a su ángel y les cerró la boca a los leones.
No me han hecho ningún daño.
—*Daniel 6:22 (NVI)*

Zonderkidz

Daniel and the Lions/ Daniel y los leones
Copyright © 2009 by Mission City Press. All Rights Reserved. All Beginner's Bible copyrights and trademarks (including art, text, characters, etc.) are owned by Mission City Press and licensed by Zondervan of Grand Rapids, Michigan.

Requests for information should be addressed to:

Zonderkidz, Grand Rapids, Michigan 49530

Library of Congress Cataloging-in-Publication Data

Daniel and the lions. Spanish & English
   Daniel and the lions / illustrated by Kelly Pulley = *Daniel y los leones* / ilustrado por Kelly Pulley.
      p. cm. -- (My first I can read! = Mi primer libro! ¡Yo sé leer!)
   ISBN-13: 978-0-310-71891-8 (softcover)
   1. Daniel (Biblical figure)--Juvenile literature.   I. Pulley, Kelly, II. title. III. Title: *Daniel y los leones.*
   BS580.D2D36718 2009
   224'.509505--dc22

20080516

Art Direction: Jody Langley
Cover Design: Laura Maitner-Mason

Printed in China

09 10 11 12 • 5 4 3 2 1

ZONDER**kidz** | **Vida**®

I Can Read!™ ¡Yo sé leer!™ SHARED My First READING

The Beginner's Bible®

Daniel and the Lions
Daniel y los leones

pictures by Kelly Pulley
ilustrado por Kelly Pulley

Daniel was a good man.
He loved God very much.
Daniel went to the king.

Daniel era un hombre bueno.
Amaba mucho a Dios.
Daniel fue al rey.

The king loved Daniel.
Daniel helped the king.

El rey quería a Daniel.
Daniel ayudaba al rey.

Because he loved God,
some men did not like Daniel.
The men made an evil plan.

Daniel amaba a Dios y por eso
algunos hombres no estaban
contentos con él.
Los hombres planearon algo malo.

The men went to the king.
"King, you are a great man," they said.

Los hombres fueron al rey.
«Rey, tú eres un gran hombre»,
le dijeron.

"People should pray only to you."

«La gente solo te debe orar a ti».

The men said, "If they do not,
we will put them in the lions' den."

Los hombres dijeron: «Si no lo hacen,
los echaremos en la cueva de los leones».

The men wanted to get Daniel
in big trouble.

Los hombres querían meter a Daniel
en un gran problema.

The king said, "Okay."
He did not know it was a trap for Daniel.

El rey dijo: «Está bien».
Pero él no sabía que era una trampa para Daniel.

Daniel prayed only to God.

Daniel solo le oraba a Dios.

The men saw Daniel praying.
He did not stop praying to God.

Los hombres vieron a Daniel orando.
Él no dejó de orar a Dios.

The men told the king
about Daniel.

Los hombres le contaron al rey
acerca de Daniel.

"King, your helper Daniel
does not obey your rule,"
the men said.

«Rey, tu ayudante Daniel no
obedece tu ley»,
dijeron los hombres.

"Daniel was praying to God.
Not to you."

«Daniel le estaba orando a Dios.
No te oró a ti».

The men had tricked the king.

Los hombres habían engañado al rey.

Guards came to take Daniel
away to the lions' den.

Los guardias vinieron para
llevarse a Daniel
a la cueva de los leones.

The king shook his head.
The rule said pray only to the king.

El rey movió la cabeza.
La ley decía que solo le oraran al rey.

But Daniel would not stop.
He would pray only to God.

Pero Daniel no dejó de orar.
Solo le oraba a Dios.

The king did not
want to hurt Daniel.

El rey no quería hacerle daño a
Daniel.

The king said, "Daniel, I hope your
God will save you."

El rey dijo:
«Daniel, espero que tu Dios te salve».

Daniel was thrown into the lions' den.

Echaron a Daniel en la cueva de los leones.

The king was very sad.

El rey estaba muy triste.

Daniel prayed to God.
He asked God to watch over him.

Daniel le oró a Dios.
Le pidió a Dios que lo protegiera.

So God sent his angel to help Daniel.
Daniel was safe all night.

Dios mandó a su ángel para que
ayudara a Daniel.
Daniel estuvo a salvo durante toda
la noche.

In the morning,
the king woke up.
He ran to see Daniel.

Por la mañana, el rey se levantó
y corrió a ver a Daniel.

The king called, "Daniel,
are you okay?
Did your God save you?"

El rey llamó: «Daniel, ¿estás bien?
¿Te salvó tu Dios?».

"Yes," said Daniel.
"God's angel helped me with the lions!"

«Sí», dijo Daniel.
«¡El ángel de Dios me ayudó con
los leones!».

The king was so happy!
"Come with me, Daniel."

¡El rey estaba muy contento!
«Ven conmigo, Daniel».

The king told all his people,
"Daniel's God is great!
Let us pray only to God."

El rey le dijo a todo su pueblo:
«¡El Dios de Daniel es muy bueno!
Solo vamos a orarle a Dios».